Read for a
Better World™
Ojibwemowin

T0112981

Ziigwebinigewininiwag miinawaa Ziigwebinigewikweg

Percy Leed

**Gaa-anishinaabewisidood
Chato Ombishkebines Gonzalez**

Lerner Publications ◆ Gakaabikaang

Ininiwag miinawaa Ikwewag

Gaawiin izhisijigaadesinoon ojibwemowin ezhisijigaadeg zhaaganaashiimowin. Mii iko aabajichigaadeg inini eshkwesing da-dazhinjigaazod a'aw dinowa enanokiid, aanawi go inini gemaa gaye ikwe aawi. Gaawiin nawaj apiitendaagozisiin a'aw inini apiish a'aw ikwe anishinaabewiyang.

Ezhisijigaadeg yo'ow Mazina'igan

Ziigwebinigewininiwag

Ziigwebinigewag ingiw ziigwebinigewininiwag.

Odoodaabii'aawaan iniw ziigwebinigewidaabaanan ziigwebinigewininiwag.

Onikewag aanind ziigwebinigewidaabaanag. Aabadadoon da-ombinigaadeg i'iw ziigwebinige-makak.

ziigwebinige-makak

onik

Gaawiin onikesiiwag aanind ziigwebinigewidaabaanag. Odoombinaanaawaan iniw ziigwebinige-makakoon ingiw ziigwebinigewininiwag.

Aaniin akeyaa enaabadak onikan ziigwebinigewidaabaaning?

Miikanaang dazhi-anokiiwag aanind ziigwebinigewininiwag.

Waaseyiigadiniwan obabagiwayaaniwaan. Mii iniw baazikamowaajin da-waabamindwaa.

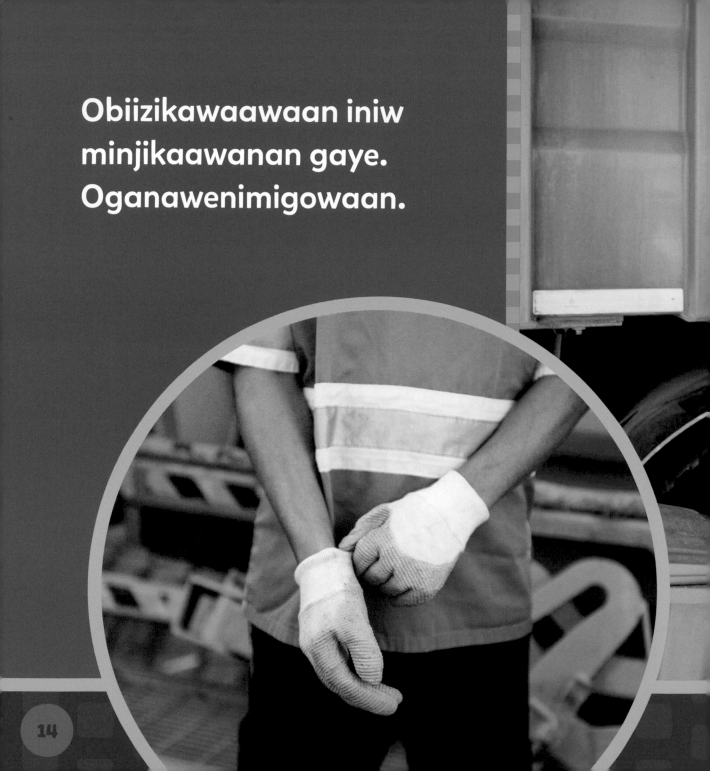

Obiizikawaawaan iniw
minjikaawanan gaye.
Oganawenimigowaan.

14

Aaniin akeyaa ezhi-ganawenimigod awiya baazikawaad minjikaawanan?

Biinichigewag endazhitaang aanind ziigwebinigewininiwag.

16

Aaniindi gaye da-biinichigewaapan
ingiw ziigwebinigewininiwag?

Mooshkine a'aw ziigwebinigewidaabaan.

Ziigwebiniganing izhiwijigaade da-ziigwebinigaadeg.

Aanoodiziwag ingiw ziigwebinigewininiwag da-biininaagwak endanakiiyang!

Gikendaasowinan!

Aaniish wenji-minwenimadwaa ingiw ziigwebinigewininiwag?

Aaniin akeyaa ge-izhi-naadamookwaa?

Giwii-ziigwebinige ina gichi-aya'aawiyan?

Ezhi-wiiji'iweyang miinawaa Enamanji'oyang

Apiitendaagwadini awiya i'iw akeyaa ezhi-gikinoo'amaagozid da-apiitenindizod maadagindaasod. Gagwejim egindaasod enendang:

Awegonen gaa-maamawi-minwendaman gii-agindaman yo'ow mazina'igan?

Awegonesh gekendaman azhigwa gaa-agindaman yo'ow mazina'igan?

Gimikwenimaa ina awiya nayaadamaaged megwaa agindaman yo'ow mazina'igan?

Mazinaakizonan

minjikaawanag

ziigwebinigan

ziigwebinige-makak

ziigwebinigewidaabaan

Agindan onow

Earley, Ryan. *Garbage Trucks*. Coral Springs, FL: Seahorse Publishing, 2023.

Kaiser, Brianna. *All about Garbage Collectors*. Minneapolis: Lerner Publications, 2023.

Toolen, Avery. *A Day with a Garbage Collector*. Minneapolis: Jump!, 2022.

Ikidowinan

Mazinaakizonan Gaa-ondinigaadeg

Nimbagidinigonaanig da-aabajitooyaang onow mazinaakizonan omaa mazina'iganing ingiw: © Andrey_Popov/Shutterstock Images, pp. 4–5; © EQRoy/Shutterstock Images, pp. 6–7, 23 (bottom left); © ImageegamI/iStockphoto, pp. 8–9, 23 (top left); © M2020/Shutterstock Images, pp. 10–11; © BrandonKleinPhoto/Shutterstock Images, p. 12; © Phovoir/Adobe Stock, p. 13; © hedgehog94/Shutterstock Images, pp. 14–15; © PeopleImages/iStockphoto, pp. 14, 23 (bottom right); © Julia Gomina/iStockphoto, pp. 16–17; © Christina Hemsley/Shutterstock Images, p. 16; © degetzica/Shutterstock Images, p. 18; © Dalibor Danilovic/Shutterstock Images, pp. 19, 23 (top right); © PeopleImages.com - Yuri A/Shutterstock Images, p. 20. Cover Photograph: © Nadya So/iStockphoto. Design Elements: © Mighty Media, Inc.

Odibendaan Lerner Publications, Lerner Publishing Group, Inc.
241 First Avenue North
Gakaabikaang 55401 USA

Nanda-mikan nawaj mazina'iganan imaa www.lernerbooks.com.

Mikado a Medium izhinikaade yo'ow dinowa ezhibii'igaadeg.
Hannes von Doehren ogii-michi-giizhitoon yo'ow dinowa ezhibii'igaadeg.

ISBN 979-8-7656-4958-9 (PB)

Library of Congress Cataloging-in-Publication Data

The Cataloging-in-Publication Data for the English version of *Garbage Collectors: A First Look* is on file at the Library of Congress

ISBN 979-8-7656-2642-9 (lib. bdg.)
ISBN 979-8-7656-3684-8 (epub)

Nanda-mikan yo'ow mazina'igan imaa https://lccn.loc.gov/2023035548
Nanda-mikan yo'ow waasamoo-mazina'igan imaa https://lccn.loc.gov/2023035549

Gii-ozhichigaade Gichi-mookomaan-akiing
1-1010592-53599-4/3/2024